Pierre LERON-LESUR

COLOMBIERS PIGEONNIERS EN FRANCE

Préface de Yvan Audouard

Ch.Massin

PRÉFACE

Le sculpteur provençal Leron-Lesur a toujours été spécialiste en métamorphoses. Avec un arbre il faisait jusqu'ici une statue et d'un olivier mort une flamme brûlante. Sûr désormais de son pouvoir, il se lance dans de plus audacieuses transmutations. Passer du végétal au minéral est un tour de magie ordinaire, mais transformer la pierre inerte en créature vivante, cela touche à l'alchimie.

Après tout, Nostradamus était son voisin.

La Provence est une terre plantée d'invocations et d'implorations. Les unes surgies de la terre même interpellent les dieux païens. Le cyprès par exemple, l'arbre de la résurrection qui brandit aux portes des cimetières une torche d'espérance.
Dans nos paysages, les clochers dialoguent chrétiennement avec eux et font monter vers le ciel leurs suppliques et leurs actions de grâce. Les arbres et les clochers sont deux architectures de la même prière.

Déjà le poète provençal Max-Philippe Delavouet faisait des clochers de nos églises des becs d'oiseaux chantant la louange du ciel et réclamant leur pâture.

La voie était ouverte à Leron-Lesur et la France entière lui est devenue terre de la re-création. Sans lui allaient tomber en poussière les pigeonniers, ces modestes monuments, ces petites cathédrales rustiques qui s'enracinent dans le sol pour mieux prendre leur envol. Ils étaient en train de mourir, il leur redonne vie. Par la même occasion, il restitue à ces poèmes de pierre toute leur charge symbolique. La colombe de la paix, son rameau d'olivier dans le bec, va retrouver ses palais et, peut-être les oiseaux n'auront-ils plus envie de déserter une planète qui leur devenait hostile...

Voici, grâce à lui, le dialogue renoué entre la terre et le ciel. Les recherches de cet artiste en font, à son insu, un disciple inattendu de François d'Assise, l'humble oiseleur qui savait à quel point les créatures ailées maintiennent dans le cœur des hommes un espoir qui les dépasse et que l'invention des astronefs n'a pas suffi à combler.

Si le Saint-Esprit a pris la forme d'une colombe, c'est qu'il avait ses raisons. Tous les objets simplement utiles tombent très vite en «obsolescence». Seuls se perpétuent ceux à qui leur beauté permet de défier l'usure des siècles et l'ingratitude des hommes. Gloire à celui qui a ressuscité l'arbre aux oiseaux.

Yvan AUDOUARD

◁ Voilà un cadre pastoral pour un édifice rural du XVIe siècle, maintenant sans objet à Perrex dans la Dombe. Sa construction en briques rouges à l'origine enduites à la chaux, équipée de sa ceinture en pierre et de sa toiture en tuiles plates sans fioritures, reste dans la rusticité de son environnement.

▷ A proximité de la Veyle, affluent de la Saône, peut-être encore debout pour quelque temps, ce magnifique pigeonnier du XVIe siècle sur colonnes en pierre est recouvert de tuiles plates arrondies en écailles de poisson. Il possède encore en son sommet sa girouette intacte.

« Au cou changeant
au cœur tendre et fidèle »
(Les vautours et les pigeons, *La Fontaine*)

Buffon et Lacépède, dans leur *Histoire naturelle,* ont ainsi présenté succinctement les pigeons et leur lieu de vie idéal : « Il faut des tours, des bâtiments élevés, faits exprès, bien enduits en dehors et garnis en dedans de nombreuses cellules, pour attirer, retenir et loger les pigeons ; tous ont de certaines qualités qui leur sont communes : l'amour de la société, l'attachement à leurs semblables, la douceur de leurs mœurs, la fidélité réciproque, la propreté, le soin de soi-même qui suppose l'envie de plaire, l'art de se donner des grâces, les caresses tendres, les mouvements doux. Nulle humeur, nul dégoût, nulle querelle, tout le temps de la vie employé au soin de ses petits, toutes les fonctions pénibles également réparties. Le mâle, aimant assez pour les partager et même se charger des soins maternels, couve régulièrement à son tour et les œufs et les petits, pour en épargner la peine à sa compagne, pour mettre entre elle et lui cette égalité dont dépend le bonheur de toute union durable : quel modèle pour l'homme s'il savait les imiter ! »

Dans beaucoup de régions de France on découvre, au détour d'un chemin, d'une rue, d'un rempart ou isolée dans la nature quelquefois sauvage, la silhouette bien particulière d'un pigeonnier le plus souvent silencieux, rarement bruyant du frémissement des centaines d'ailes qui se déploient à son entour. Alliant l'élégance, le bon goût et le fonctionnel, c'était ou c'est encore l'habitat, le refuge du pigeon de campagne.

Actuellement, dans le monde occidental, on considère le pigeon de square, « le pattu », comme nuisible au même titre que les mouches et les moustiques. Les autorités et le public en général souhaitent sa disparition totale. Le citadin ne fait pas de différence avec le pigeon « tourier » de nos campagnes, sauvage et libre, amoureux d'espace et de solitude, mais rattaché toujours d'un coup d'aile à sa demeure.

Ce symbole de paix, de concorde et d'amour nous vient des temps les plus reculés ; des représentations graphiques le désignent comme animal sacré ou tout au moins destiné au sacré. Certaines sont encore visibles en Grèce et en Assyrie. Le pigeon était déjà étudié à Athènes par Aristote et, plus tard, à Rome par Varron et Pline l'Ancien et fut évoqué par la Bible dans la Genèse : « Noé fit partir la colombe qui revint par trois fois. »

Le mystère du retour au nid sans erreur ni hésitation, par un vol que lui seul oriente, n'est toujours pas élucidé et l'a certainement sacralisé avant qu'il ne soit affecté comme messager pacifique d'abord : annonce du nom des vainqueurs aux Jeux olympiques, liaisons avec les temples d'Aphrodite (Vénus). Il fut utilisé ensuite par les Romains dans le cadre de leur stratégie guerrière. Le calife de Bagdad fut certainement le premier à organiser un service postal régulier par ce système original.

Plus près de nous, pendant les dernières guerres, plus de 100 000 pigeons voyageurs furent utilisés en France pour des « missions impossibles ». De plus, dès l'époque romaine, le pigeon garnissait les tables, mets fin et recherché des amateurs de bonne chère, ensuite volatile facile à élever, ne nécessitant aucun droit de chasse, celui-ci étant exclusivement réservé aux seigneurs. Voilà pourquoi jusqu'au XVIe siècle, l'élevage du pigeon étant libre, chacun pouvait en entretenir à sa guise.

Ne soyons pas étonnés si, en France, on rencontre près de 80 communes et une infinité de lieux-dits qui portent des noms dérivés de « colombe » ou « pigeon ». Il y a même en Guadeloupe une commune du nom de Pigeon !

Le martyrologe n'échappe pas à cette tradition puisqu'on y trouve une sainte nommée Colombe, honorée le 31 décembre, martyrisée à Sens vers 273, et un saint Colomban dont nous reparlerons plus loin.

A la fin du XVIIe siècle, on dénombrait en France 42 000 pigeonniers ou colombiers. Certaines régions, moins perturbées que d'autres par les guerres ou les destructions, ont conservé de nombreux exemplaires alliant l'élégance, le bon goût, le fonctionnel à une architecture vernaculaire. Hélas! pour notre patrimoine national, beaucoup ont été démolis ou sont désertés, livrés aux intempéries, aux vandales et condamnés à disparaître, décapités, ruinés, chancelants pour la plupart.

De nombreuses associations nationales ou régionales se dévouent pour répertorier et classer ces édifices irremplaçables, informer et sensibiliser le public, les propriétaires et les pouvoirs publics qui en ont la charge et sauvegarder ainsi ces vestiges des temps, des coutumes et des traditions rurales révolues.

On ne peut passer sous silence, malgré tout, les dégâts occasionnés de tout temps par les pigeons dans la recherche de leur nourriture au hasard de leurs évolutions et sans distinction de propriété ou de limites territoriales (il faut, en moyenne, pour un couple de pigeons 130 grammes de grain par jour, soit environ 50 kg par an, prélevés sur les récoltes ou les semis même en période de famine ou de disette). Les cahiers de doléances recueillis dans les mairies en 1789 sont unanimes à exposer les plaintes et à réclamer un statut particulier: interdiction de sortie des pigeons du 1er juillet au 1er septembre ou même au 11 novembre, passées les semences d'hiver, sous peine de poursuites; et autorisation donnée au propriétaire de tirer sur les volatiles à condition que ce soit exclusivement sur ses terres.

Le rapport fourni par le pigeon ne tenait pas seulement à sa chair, aliment de choix à une époque où les autres élevages étaient peu développés, mais à sa fiente appelée « colombine », fumier particulièrement convoité en l'absence d'engrais. Cette colombine était précieusement récoltée et tellement valorisée qu'elle était stipulée avec précision dans les contrats de vente ou de mariage dont elle constituait quelquefois la dot! Elle valait dans le Quercy, en 1837, la coquette somme de 25 francs l'hectolitre.

On comprend mieux le soin apporté à la construction de l'habitat du pigeon lorsqu'on se rend compte des avantages de son élevage intensif. Ainsi les logements et les refuges de ces animaux étaient-ils étudiés dans les meilleures conditions d'efficacité, de rendement, de salubrité, d'accès et d'entretien faciles. En 1789, l'abolition des droits d'élevage exclusifs mit enfin, en ce domaine, un peu d'ordre dans la question du fameux « droit de colombier » variable suivant les régions de France, et entraînant des abus et des litiges sans fin.

La construction et la répartition des pigeonniers dans notre pays sont presque toujours liées aux cultures céréalières dont l'implantation était plus diffuse avant le XIXe siècle que de nos jours.

La Camargue, par exemple, grenier à blé depuis le XIVe siècle, puis, plus près de nous, vignoble et rizière, revient à la culture céréalière actuellement et ne possède pas de mas ou de domaine qui ne soit accompagné de son pigeonnier.

A l'origine, leur classement se faisait en fonction du droit attaché à chacun d'eux; il y avait donc:

— Les pigeonniers « à pied » ou « à pié », dont les nids intérieurs étaient disposés jusqu'au sol, occupant les parois intérieures du local; ces nids sont appelés « boulins » en général et dans certaines régions « bargeottes » ou « bulins ».

△ Dans la Dombe, région typique du département de l'Ain, on trouve de nombreux exemples de constructions en pisé qui bravent les intempéries, aussi longtemps que les enduits à la chaux les protègent efficacement. Celui-là, à Saint-Trivier-sur-Moignans, est couvert de tuiles plates et surmonté d'un lanternon au sommet duquel la pointe d'acier pourrait faire supposer un paratonnerre. Une restauration s'impose d'urgence.

— Les fuies, constructions dont les boulins n'utilisent qu'une partie des parois, le reste étant à usage de grenier, poulailler, entrepôt, passage charretier ou même logement d'ouvrier agricole. Il arrive que les fuies soient incorporées à l'ensemble des bâtiments de ferme et à leur sommet, harmonieusement disposées dans l'équilibre architectural de l'ensemble bâti.

— Les volets, petits refuges établis en étage ou en toiture, quelquefois en pignon de façade ou simplement sous auvent de toiture, le plus souvent équipés de fermetures amovibles.

Au cours de nos recherches, nous avons découvert une catégorie bien en marge de ce classement: les pigeonniers troglodytiques, construits dans des grottes ou à flanc de falaise, leurs boulins creusés dans le roc ou faits de pierres jointées à sec, seulement accessibles par escalade.

Les pigeonniers «à pied» peuvent être des tours rondes, carrées, octogonales, sur piliers de bois ou colonnes de pierre, sur arcades, en maçonnerie, de brique ou de parpaing, de pierre de taille ou de pisé, à colombage.

La diversité de leurs formes et de leur appareillage, ainsi que leur décoration, ne peuvent être qu'un sujet d'émerveillement pour le curieux qui va à leur découverte.

Ils se présentent presque toujours à l'écart du bruit et de l'agitation, leurs ouvertures orientées à l'abri du vent et tournées vers le soleil, les plages d'envol et de repos largement dimensionnées pour accueillir le maximum de pensionnaires ailés.

A l'époque romaine et encore de nos jours, les «colombaria», de forme ronde, sont fermés dans leur partie supérieure par un dôme partiel, mais une ouverture centrale laisse passer les occupants, l'air et la lumière. Dans ce type de construction, pour pallier les poussées importantes des voûtes d'appui, les murs doivent avoir une épaisseur suffisante comme celle des fortifications.

Les autres couvertures suivent les traditions du pays ou l'approvisionnement local en matériaux; elles sont en lauses de pierre, en tuiles plates ou rondes, en ardoise, ou même en chaume, rarement en tuiles vernissées colorées.

Des lucarnes ou fenêtres, des lanternons, des campaniles sur piliers ou sur colonnes, permettent l'accès des pigeons par des ouvertures calibrées à leurs dimensions afin d'éviter l'intrusion des rapaces, corneilles, buses, éperviers, chouettes, tous friands d'œufs ou de pigeonneaux. Les formes des issues sont souvent rondes mais aussi à méplat ou ovales, quelquefois décorées de motifs naïfs géométriques.

La protection contre les rongeurs et prédateurs habituels, y compris les chats, nécessite des fermetures au sol hermétiques, des ceintures à mi-hauteur des façades, constituées de bandes de zinc ou de métal, de carreaux de faïence vernissée, de plaques d'ardoise clouées, de bandeaux faisant chaînage à la construction, de reliefs à larmier en pierre servant aussi de plages d'envol et de repos.

L'encadrement des issues verticales est souvent lui-même protégé de cette façon originale et décorative. Les pigeonniers établis sur des piliers en bois ou en pierre à chapiteau surplombant sont entièrement protégés des animaux et des inondations. Une échelle volante est nécessaire pour y accéder.

Les faîtages portent souvent à leur sommet ou en acrotère des poupées, des pains de sucre en pierre, jouant le rôle du «tholos» antique, symbole de fécondité et protégeant l'élevage des épidémies; ou alors ce sont des girouettes découpées ou formées en fer ou en zinc représentant des pigeons qui servent d'appelant et de repère pour le retour des jeunes pigeonneaux au bercail.

L'intérieur du pigeonnier, destiné au repos, à l'intimité et à la reproduction, est toujours méticuleusement traité, pierres jointées, enduits au plâtre, parois lisses avec des corniches de repos ceinturant à des niveaux différents les faces verticales. C'est là que se trouvent les boulins, éléments essentiels de cet élevage, de formes recherchées afin d'éviter les nuisances du voisinage et de la cohabitation forcée, suffisamment isolés les uns des autres, disposés verticalement en quinconce, cellules de vie étudiées pour un meilleur rendement par une suite d'éleveurs forts de traditions et de pratiques ancestrales.

Dans les constructions anciennes, les boulins sont disposés dans l'épaisseur des murs, leur nombre étant calculé en fonction des superficies terriennes du propriétaire à raison d'un boulin par demi-hectare.

Avec la libéralisation de l'élevage, on a fabriqué des boulins en poterie, en terre, en briques, en vannerie ou en corde, accrochés par des pitons de bois; les formes en sont évasées ou planes, en manchon ou globulaires, le choix est défini par le matériau trouvé sur place, souvent mis en œuvre par l'éleveur lui-même.

Les impératifs de salubrité et de propreté nécessitant des aménagements intérieurs à tout moment accessibles, une échelle pivotante à partir d'un axe central fixé à la charpente et appuyé au sol sur un axe piqué au cœur d'une pierre dure, met à portée de main tous les boulins qu'on a même pris la précaution de numéroter pour une meilleure tenue des comptes et le suivi de l'évolution de l'élevage dans le temps.

Un édifice monumental peut être cité en exemple: c'est celui du château du Hagnou à Maule dans les Yvelines.

Contrairement aux constructions rencontrées dont la datation est mal définie, il est rare de découvrir, sur une corniche ou gravée dans la pierre d'une clé de voûte, la date de construction de l'édifice. Celui-ci aurait été élevé en 1594 par Nicolas de Harlay de Sancy. C'est une tour ronde de 10,60 m de diamètre extérieur et de 14 m de hauteur. Les murs sont en pierre de taille de 1 m d'épaisseur, l'intérieur comporte, au-dessus d'une salle voûtée en briques appareillées, un aménagement encore intact de 3 200 boulins parfaitement travaillés et numérotés. Une charpente en chêne, supportant une toiture pointue faite de tuiles trapézoïdales pour couvrir parfaitement le cône du toit, constitue le support de l'axe vertical de l'échelle pivotante qui se meut parallèlement aux parois pour atteindre sans difficulté chaque boulin. Il semble que ce pigeonnier ait été utilisé jusqu'au milieu du siècle dernier, puisqu'en 1832, six personnes étaient attachées à son service.

A l'inverse de certains bâtiments construits sur des bases rondes pour ensuite épouser le plan carré, celui-ci est établi sur des fondations quadrangulaires avec chemin de ronde et poivrières destinées à la défense, pour passer ensuite en une élévation cylindrique plus conforme aux impératifs d'entretien et d'accès optimum. Un escalier à vis en pierre de taille permet de gravir la dénivelée jusqu'au chemin de ronde et à l'intérieur de la tour majestueuse. Curiosité inédite dans les aménagements de boulins: à la partie inférieure, ils sont de forme ronde avec méplat, alors qu'au-dessus, les entrées sont presque carrées et toujours taillées dans la pierre de pays.

◁ Toujours dans le même village médiéval fortifié, mais situé en son cœur, au-dessus des toits qu'il surplombe de façon hautaine, ce pigeonnier, par l'usage permanent de ses différents niveaux, a mieux résisté au passage des années. Sa masse imposante devait lui permettre d'avoir aussi un rôle défensif, les six trous d'accès aux pigeons ne permettant pas un élevage intensif important.

△ A Saint-Montan en Ardèche méridionale, cette ruine du XIVe siècle, accrochée à l'éperon rocheux, laisse apercevoir les boulins intérieurs, ainsi que la ceinture extérieure scellée dans le mur encore debout. L'ermite saint Montan vivait au Ve siècle dans une grotte au pied de ce rocher ; il avait annoncé la naissance et prédit la glorieuse destinée d'un enfant qui devint saint Rémy évêque de Reims. SI.

▷ Nous voilà dans le Rouergue méridional tout près de Saint-Affrique, sur la route de Broquiès et à mi-chemin de ce village des bords du Tarn. Il semblerait que ce pigeonnier octogonal, à l'intérieur d'une cour de ferme appelée « Les Martels », portant la date de 1683 sur la clé de l'arceau d'entrée, soit le seul témoin authentique de l'architecture vernaculaire de cet ensemble de construction. La couverture est réalisée en ardoise de pays, bleue et arrondie en écailles de poisson.

▽ Belle ferme du XVIIe siècle, le mas Granet, depuis restauré, à proximité du Dourdou sur la route de Saint-Affrique, a conservé sa tour d'angle, pigeonnier élégant couvert d'ardoises bleues au cône effilé terminé d'un paratonnerre à glands et d'une girouette en zinc.

△ Toujours dans l'Aveyron, au bord de la Sorgue, la pointe du terrain a ici été judicieusement utilisée pour ce petit refuge à pigeons aux ouvertures orientées vers le soleil, sans oublier la petite plage d'envol scellée dans le mur sud.

◁ Dans le Rouergue, à Saint-Rémy, ce pigeonnier à deux niveaux et à couverture en lauses est équipé d'ouvertures percées dans un bloc de pierre cubique, décoré d'une poupée aux formes phalliques.

▷ A Toulonjac, un pigeonnier sur colonnes remis à neuf se trouve encore actuellement au milieu de champs régulièrement emblavés comme à son origine. Ses piliers en maçonnerie sont interrompus par des larmiers à mi-hauteur, taillés dans des feuilles d'ardoise du pays. Sa couverture est en tuiles plates et la poupée terminale en forme de pigne de pin.

◁ Une architecture du siècle dernier bien équilibrée, intégrant le lieu d'élevage au logement de maître, à la porte d'entrée majestueuse. La toiture est en ardoises avec lanternon muré, identiquement couvert en écailles de poisson. Il s'agit de la Baraque de Pachins en Aveyron.

▷ Comme dans tout le Rouergue méridional, la maison Poujol, imposante demeure de Brousse-le-Château au confluent de l'Alrance et du Tarn, face à un pont romain, est surélevée en son axe afin d'aménager le logement des pigeons blancs qui nous font la grâce de poser pour la photo. SI.

◁ Dans cette ferme, nous approchons la miniature, près de Saint-Izaire aux Roques. L'élevage des pigeons cohabitant avec les volailles, chacun à son niveau, a nécessité ce modeste refuge couvert d'un chapeau de zinc de forme irrégulière, peut-être à l'origine surmonté d'une girouette dont seule la pointe subsiste.

▷ Au-dessus de Vabres-l'Abbaye, ancien siège d'évêché sur le Dourdou, à la tombée de la nuit, l'envol des pigeons a été surpris alors qu'ils allaient parcourir leur ultime tournée aux environs de leur tour-refuge isolée et altière sur sa motte de terre.

◁ Ici, dans une vieille ferme du Cayla, tout le sommet de l'habitation est destiné aux pigeons avec une multitude d'entrées aux calibres différents, toujours complétées par des planches d'envol souvent rudimentaires.

▷ Construction isolée à Saint-Izaire, à flanc de coteau comme on en découvre souvent dans le Sud-Ouest. L'extérieur, enduit de couleur ocre, porte encore les traces de décorations naïves, peintes aux angles de la façade. Les issues sont rectangulaires et, comme toujours, protégées par la ceinture de pierres plates encastrées contournant largement les arêtes verticales. La toiture est en lauses d'ardoise brute de pays, percée d'une souche de cheminée couverte de même façon. Le rez-de-chaussée était destiné au logement du berger alors que le premier étage protégeait l'élevage. Une importante quantité de « colombine » bloquant la porte d'entrée, le photographe forçant sur celle-ci et profitant de sa flexion s'introduisit avec quelques égratignures pour opérer, ne se doutant pas qu'il lui faudrait à la sortie redoubler d'efforts pour dégager son corps et ses appareils !

▷ Cette photo en valait pourtant la peine: il s'agit de la charpente en châtaignier dont les contre-fiches sont curieusement disposées autour du poinçon-épi en forme d'hélice centrifuge. Quel dommage si pareil édifice n'était pas restauré !

◁ Dans la brume du matin, au pied du château médiéval du XIIe siècle autrefois tenu par les seigneurs d'Arpajon et la famille d'Armagnac, protégeant le vieux village de Brousse-le-Château, le solitaire ailé domine cette ruine que ses congénères ont dû fréquenter au bon voisinage des humains disparus.

▷ Sommet d'un pigeonnier-tour octogonal, au château de Calissanne, émergeant des pins d'Alep à 12 mètres de haut, tout près de l'étang de Berre. Traité de même façon que les clochers du XIVe siècle, en réduction bien sûr, il ne semble pas avoir été plébiscité par les pigeons qui ne l'ont apparemment jamais occupé.

△ Monumental pigeonnier dans la région d'Arles, construit dans les « ségonnaux », terrains inondables des bords du Rhône, au XVIIIe siècle. L'adjonction au sud du bâtiment carré de 9 m de côté, ainsi que l'entrée surélevée, ont été réalisées plus tard, permettant ainsi de créer, par les murs gouttereaux et la toiture basse, un lieu de repos et d'abri qui n'existait pas contre le mistral.

▷ L'intérieur de ce même édifice où l'on distingue les boulins (ou nids: il y en a plus de 900) et surtout le mât de perroquet qui supporte l'échelle verticale passant à proximité des parois pour l'entretien des boulins.

▽ Disposition des boulins en poterie de forme sphérique, scellés dans la maçonnerie, ensuite enduits au plâtre fin, pour une plus grande salubrité et, par hygiène, disposés en quinconce, audessus de corniches circulaires. Les vandales sont passés par là, hélas! détruisant et brisant sans espoir de retirer un boulin intact!

▷ Voilà une imposante tour-pigeonnier de forme ronde dans la région de Trets avec sa toiture « à casquette » et à double pente. On distingue les deux ceintures de carreaux vernissés qui protègent efficacement de l'intrusion des rongeurs indésirables.

▷ Forme bien méridionale de pigeonnier à base carrée, auquel se sont adossés les bâtiments de la ferme comme il arrive souvent. Ici aussi, les ceintures vernissées et glissantes bicolores protègent l'étage des pigeons, alors que le rez-de-chaussée est réservé aux volailles de la basse-cour. Ce pigeonnier se trouve au pied de la montagne Sainte-Victoire près d'Aix-en-Provence.

▷ Voisinage pacifique et contemporain sur le plateau de Sulauze et tout près du château, à deux pas de l'étang de Berre. Le pigeonnier, témoignage du XVIIe siècle, est maintenant restauré.

△ L'intérieur du pigeonnier circulaire parfaitement éclairé avec ses deux pentes de toiture, la première avec tuiles canal sur chevrons triangulaires, la seconde avec les mêmes tuiles posées sur parfeuilles. Malheureusement, les boulins ont totalement disparu.

▷ Curieux ensemble constitué au premier plan d'un ancien moulin à vent et plus loin d'un pigeonnier reliés par des arcades pouvant avoir servi d'aqueduc. Le cyprès paraissant sortir de la toiture est en fait planté au plus près du mur de la façade sud.

◁ Propriété de la mairie de Miramas, à proximité du château de Cabasse, cette ruine encore debout nargue les intempéries de son œil de cyclope en attendant sa restauration problématique.

△ Près de la route, à Mouriès, une fuie de toiture posée au-dessus du mas, symbole d'un tout modeste élevage fermier.

▽ Toujours dans les Alpilles, ne croirait-on pas un ensemble d'habitations modernes, la végétation ayant envahi l'intérieur du pigeonnier médiéval d'Eyguières qui, depuis des lustres, a perdu sa couverture ? Celui-ci, ou la ruine qui en reste, est peut-être le seul témoin du XIIIe siècle, date de construction du château voisin, et mériterait bien qu'on se penche sur son devenir.

◁ Image fascinante de ces boulins régulièrement disposés et vides d'occupants, faisant croire à une infinité de tunnels superposés, concentriquement alignés. Pigeonnier de Roquefavour, du XVIIIe siècle.
▷ Tout près de Mallemort en Provence, un modeste pigeonnier qui a la chance d'être encore habité et dont le propriétaire se félicite de son élevage et des avantages qu'il en tire.
◁ Sous un ciel obscur, le pigeonnier du Vallon de Chévrier aux Baux-de-Provence, datant du XVe siècle, reçoit de plein fouet les derniers rayons du soleil couchant. Malgré son abandon, il défie le temps, accroché aux rochers des Alpilles, sentinelle vigilante dans la campagne déserte. Une magnifique voûte en croisée d'ogives supporte la terrasse. L'ensemble, bâti en pierre chaude et claire des Alpilles, mériterait plus grande sollicitude de la part d'éventuels restaurateurs !

◁ Ici, l'édifice a été spécialement conçu en son sommet pour l'habitat des pigeons, près de Boulbon. Il est entièrement construit en pierre blanche des Alpilles teintée d'ocre. L'escalier à vis attenant est de même facture, couvert d'un dôme en pierre, surmonté à l'origine d'une boule du même matériau à ce jour disparue. Il s'agit du mas de Bruneau Saint-Victor dont le propriétaire actuel poursuit activement la restauration; ses origines remontent au XVIe-XVIIe siècles.

▷ Au château de Berné proche de Saonnet, le pigeonnier est couvert d'ardoises, les ouvertures, les lucarnes à chapiteau gracieux disposées aux quatre points cardinaux, le tout surmonté d'un lanterneau sur huit piliers de bois et couvert de tuiles plates. Une surprenante ceinture en culs-de-bouteille scellés sous la toiture rend tout accès impossible aux rongeurs.

△ Dans le Calvados, au château de Jucoville près de La Cambe, ce monument au dôme appointé, couvert de tuiles plates rectangulaires, aurait été construit au XVIIe siècle. L'épi de faîtage en zinc porte encore sa girouette intacte. Il faut remarquer dans cette majestueuse construction la recherche diversifiée de décoration des chapiteaux de lucarne, de fenêtre et de la porte d'entrée à la limite de la surcharge. Une deuxième lucarne se trouve en bas de pente côté soleil levant.

▷ A quelques pas de l'embouchure de la Vire en Normandie, à travers une entrée médiévale fortifiée du manoir de l'Hermerel, IMH, on peut admirer cet ensemble restauré datant du XVe-XVIIe siècles dans toute sa simplicité. La couverture du pigeonnier en ardoises étant surmontée d'un tout petit épi de zinc.

◁ «Les amis du colombier de Vaujoyeux», IMH, sont venus à bout de la restauration de ce magnifique témoin d'architecture rurale du XVIe siècle unique au monde, constitué de quatre tourelles, curieusement assemblées. La construction sévère est agrémentée de couvertures en lauses pour les tours et en ardoises pour la partie centrale. On n'a pas oublié au faîtage le traditionnel pigeon en terre cuite.

▽ Intérieur de cet ensemble où l'on distingue les boulins de pierre sèche tout verdis par la mousse accrochée au granit du pays.

△ Au château de La Houssaye, l'ouverture de ce «colombarium» et son effet de soleil sur les boulins en pierre de taille montés à sec. Vue intérieure permettant de distinguer les détails de construction avec arcatures supportant le dôme, elles-mêmes appuyées sur des corbeaux en granit. On remarquera les boulins aménagés entre les pieds d'arcatures, par souci d'utilisation totale du site.

◁ Ici, c'est la commune d'Hillion qui a pris en charge la remise en état de ce pigeonnier de style « colombarium » surmonté d'un dôme en pierre, et au centre d'un « curieux chapeau » en ardoise au sommet duquel se trouve l'épi de faîtage en zinc. L'électricité permet de voir l'intérieur dans les meilleures conditions.

▷ A peu près dans le même style de construction, le pigeonnier du château de La Houssaye dans les Côtes-du-Nord, datant du XVIe siècle, attend avec impatience les restaurateurs. Sa couverture en lauses interrompue dans son centre laisse une ouverture de deux mètres de diamètre sans protection. IMH.

◁ Restauration réussie dans un cadre de verdure parfaitement entretenu à La Conninais près de Taden. La couverture de cet édifice du XVe siècle est en tuiles plates, surmontée d'un lanternon aux neuf piliers de bois et à la pointe gracieuse supportant un pigeon de terre cuite. IMH.

◁ Un pigeonnier à pied bien proportionné au toit en tuiles plates, aux ouvertures discrètes, ceinturé d'un enduit lisse, interdisant l'entrée aux rongeurs, tout près de Saint-Félix-de-Reillac. L'épi du sommet est d'une grande simplicité.

▷ L'intérieur de la charpente, les entraits disposés en rayon de roue autour d'un carré encadrant une croix, le tout en chêne du pays.

▷ Qui pourrait imaginer qu'il y a là un pigeonnier, derrière ce rideau de végétation quasi tropicale? Il s'agit du plus grand refuge troglodytique de France destiné aux pigeons, tout près de Marquay dans le Périgord noir.

△ Le fond de cette grotte est aménagé en boulins de pierres sèches, bien appareillées, aux couleurs tendres allant du vert à l'ocre, avivées par les rayons de soleil pénétrant par les ouvertures judicieusement orientées. Un mur vertical de façade clôt encore en grande partie l'orifice de cette grotte, supportant lui aussi une grande quantité de boulins. L'accès d'origine a été créé de main d'homme par un tunnel creusé dans la paroi de la falaise.

◁ Aux Eyzies-de-Tayac, nouvelle forme de pigeonnier semi-troglodytique puisqu'il profite de la falaise pour couverture. La contraste de la roche terne et moussue avec les parois relativement plus récentes apporte à cet ensemble, maintenant abandonné, une luminosité toute particulière.

▷ Toujours dans la même région, une restauration réussie tout près de Saint-Cyprien, le pigeonnier porche, faisant partie intégrante de l'ensemble du corps de bâtiments. L'étui du faîtage représente là une pigne de pin.

▷ Près de Boulazac, un des rares monuments «heptagonal», puisque porté par huit piliers en pierre, surmontés de chapiteaux hémisphériques à larmier, se mire dans les eaux de la Manoire. La construction est à colombage, la toiture à sept pentes est faite de tuiles plates, surmontée d'une modeste poupée de pierre. IMH.

▷▷ En bordure de la Dordogne, curieuse construction en déséquilibre apparent, tout près de Saint-Cybranet, complément à l'harmonie des toits de tuiles plates spécifiques de cette région.

△ Tout au sommet du Poët-Laval, au centre de la Drôme, dans une ancienne commanderie provençale des plus importantes, ce pigeonnier se trouve au cœur du site médiéval, avec ses deux entrées distinctes taillées dans une seule pierre, irrégulièrement, l'une à onze, l'autre à douze trous; plus de 3 000 boulins équipent l'intérieur, ce qui laisse supposer un intense élevage. IMH.

◁ Toujours au Poët-Laval, ce qui prouve l'intérêt local pour les pigeons, sur le périmètre des fortifications, une magnifique tour-pigeonnier participe à la défense, protégeant de sa masse imposante le village endormi à ses pieds. IMH.

▷ Dans le périmètre de Montélimar, un pigeonnier typiquement méridional, flanqué de deux palmiers qui ont bien résisté aux hivers rigoureux passés (1929, 1956, 1985) en compagnie d'un couple de pigeons fidèles, uniques rescapés de son important élevage pour lequel il a été construit il y a deux siècles.

◁ En Normandie, le colombier du château de Vascœuil restauré au XVIIe siècle et en 1945, dont la construction date du XVe siècle, est devenu un centre culturel, heureuse destinée. Sa construction, en briques rouges appareillées en chevrons, sur son tapis de verdure contraste agréablement avec le château lui-même en matériaux différents. Sa couverture est en tuiles plates, cône parfait, dont la géométrie n'est rompue que par la présence de l'inévitable lucarne, en chien assis, indispensable au passage des pigeons. L'ensemble repose sur des fondations en pierres froides et, à mi-hauteur, une ceinture de trois rangées de briques à plat allège l'uniformité du bâtiment. SI.

« Pour garder que les cheveux tombent,
de la fiente colombe desséchée fera merveille »
(Livre de raison de P. Bourgarel, XVIIe siècle)

◁◁ Le pigeonnier du Manoir de Perriers-sur-Andelle du XVe siècle a sept côtés, sa toiture de même est couverte de tuiles plates, surmontée du pigeon traditionnel en zinc. A mi-hauteur, une ceinture en pierres identiques à celles des fondations en même temps que le chaînage rompt la monotonie des murs en briques rouges posées à plat.

◁ Au centre de la cour de ferme de Bionval, voisine d'Ecos, ce pigeonnier rond, du XVIIe siècle, au milieu d'un cercle de verdure est couvert d'une toiture hexagonale de tuiles plates. Sur l'une des pentes, et désaxée, s'accroche une lucarne en chien assis bien timide. Une girouette couronne le tout en son sommet.

◁ A Guiseniers, tout près de la grande dîmière du XIIIe siècle, dans la cour de la ferme du prieuré, se trouve le pigeonnier plus récent mais encore bien conservé dans sa forme octogonale et sa construction à colombage. Sa toiture à huit pentes comporte trois lucarnes alors que son sommet est couronné bizarrement d'un lanternon occulté à 6 côtés. Heureusement que le fameux pigeon est fidèle à son poste. IMH.

▷ Le manoir de Beaunay, aux environs des Hogues, possède un pigeonnier harmonieusement décoré du XVIIe siècle. Il est octogonal, en briques rouges, au dessin quadrillé, aux parements d'angle en pierres blanches de même facture que les encadrements de porte et fenêtres. La lucarne assise au pied de la toiture possède un chapiteau imposant surmonté de boules de pierre superposées. Ici aussi, le pigeon domine l'épi de faîtage, dans une immobilité pourtant fonctionnelle.

◁◁ Dans le même style, ce magnifique portail à trois entrées en plein cintre, décoré de même façon, est surmonté d'une couverture en tuiles plates sous laquelle on peut découvrir la date de construction: « 1749 », qui serait paraît-il plus récente que celle du pigeonnier que l'on devine derrière les arbres à travers l'arc principal, visé par votre serviteur-photographe en pleine action.

◁ Curieux pigeonnier miniature aux modestes dimensions mais combien rustique et attachant avec son poulailler et son escalier en dalles. La couverture est en tuiles canal ceinturée de pierre au-dessous. Trois ouvertures seulement donnent accès à l'intérieur aux quelques pigeons de cet élevage réduit.

△ En Bretagne, à Saint-Coulomb, berceau des du Guesclin, la ferme du Vieux-Chatel possède une construction du genre « colombarium » en excellent état. Le dôme en lauses, ouvert dans sa partie centrale pour le passage des volatiles, est couvert d'un clocheton supporté par cinq colonnettes de bois et protégé de même. Une poupée de pierre taillée en bobine surmonte le tout. L'origine de Saint-Coulomb provient de saint Colomban, nom d'un moine irlandais Sant-Koulm en breton, débarquant là (vers 540 ?) pour y fonder un monastère. Koulm est le diminutif de Koulman qui signifie colombe.

▷ Vue intérieure de ce monument qui date du XVIIe siècle, par laquelle on peut voir la modeste charpente du clocheton tout simplement cruciforme, et l'invasion des ronces impénétrables.

◁ Entre Bretagne et Normandie, nous avons découvert, scellée dans un mur en ruine, une entrée de pigeonnier originale puisque taillée dans le granit, datée de 1726 et décorée de la croix de Malte sur pied.

◁ Dans la verdure, tout près du Vigan, en bordure des causses de Gramat, curieux pigeonnier aux deux entrées sur toiture, l'ensemble surmonté de lauses patinées contrastant avec l'ocre des enduits réfléchissant les derniers rayons de soleil. Une poupée en forme de pigeon coiffe le tout. IMH.

▷ De l'autre côté de la vallée et face à Rocamadour, celui-ci, de forme « colombarium », est tout de même surmonté d'un lanternon sur piliers en pierre imitant un pain de sucre. L'ensemble est recouvert de lauses, ce qui laisserait penser qu'il date du XVIe siècle.

▷ A quelques kilomètres de là, ce pigeonnier est à colombage sur des fondations en pierre de taille, couvert de tuiles plates. Une plage de repos a été aménagée à son sommet pour le confort de ses occupants.

▷▷ A Lavergne, toujours dans le Quercy, il ne reste des murs d'enceinte de la ferme que le porche surmonté de son modeste pigeonnier appuyé sur des encorbellements en pierre dans le style des machicoulis. Il prend, avec les ans, une gîte curieuse mais aussi risquée pour son avenir. IMH.

◁ A la Baume sur le causse du Larzac, trois pigeonniers parfaitement alignés sont réunis par une immense bergerie, enceinte d'une ancienne ferme forte. Les couvertures sont en lauses surmontées de girouettes fléchées.

◁◁ Faisant partie à l'origine d'une maison forte, la tour-pigeonnier et la tour-escalier accolées sont encore couronnées de machicoulis défensifs. Toutes les deux de même taille, la plus importante dispose d'un cadran solaire sur sa face sud, sa toiture est percée d'un genre de cheminée. Et puisqu'il y a là deux toitures distinctes, il y a donc deux pigeons en zinc au sommet des épis.

◁ A quelques mètres du château de l'Angotière à Domjean, magnifiquement entretenu par son propriétaire, un des rares pigeonniers recouverts de chaume accueille à l'entrée de la propriété les visiteurs heureusement surpris. Celui-ci date du XVe siècle, son habillage de verdure lui sied tout particulièrement. Au faîtage et sur l'arête de la lucarne, des iris sont plantés, ajoutant au charme de l'ensemble. MH.

▷ Un effet de miroir dans la Grosne, à deux pas du château de Messey. Faisant partie de l'ancienne enceinte, le pigeonnier est couvert de tuiles plates jusqu'à son faîtage coiffé d'un cône de zinc.

◁ Tour-pigeonnier, à l'origine certainement isolée, sur laquelle sont venus se greffer les bâtiments de ferme aux toitures décalées formant un bel ensemble abrité du nord et du froid, malgré leur sévérité. La couverture de la tour patinée se singularise au milieu des autres pourtant conçues en tuiles plates plus récentes. Au sommet, l'épi est constitué d'une boule en pierre. Derrière la prairie charollaise, c'est Val-Echo à Jonchy.

▷ Dans la même région, l'ensemble harmonieux du château d'Ozenay et de son pigeonnier de même facture datant des XIIIe-XVIIe siècles, bénéficie d'un tapis de verdure donnant encore plus de luminosité à ce décor médiéval. IMH.

◁ En Bourgogne, à Azé, ce modeste pigeonnier couvert de lauses, avec son escalier en dalles disjointes, a la forme d'un fer à cheval fermé. Peut-être faisait-il partie d'une enceinte de ferme forte ? En tout cas, son état de délabrement ne lui permettra de survivre que très peu de temps.

◁ La charpente cruciforme de ce même édifice, étudiée et conçue pour défier les siècles, assemblage remarquablement réussi, par un ouvrier de métier.

▷ Pigeonnier porche du XVIIIe siècle faisant partie d'une enceinte de ferme close à Lalheue. L'épi est classiquement en poterie.

◁ Le pigeonnier de l'abbaye de Mortemer, en pays de Caux, fondée en 1134, date certainement du XIIIe siècle et fut remanié au XVIIe. Son architecture rigoureuse reste dans la tradition des constructions identiques. La tour, sur un soubassement en pierre de taille, est en maçonnerie enduite à la chaux teintée. Une ceinture basse en pierre à larmier et quatre pieds droits incorporés agrémentent ce bâtiment isolé. Les ouvertures toutes simples, fenêtre et lucarne, sont décorées de jambages en tuiles rouges. La couverture en tuiles plates est surmontée d'un fin lanternon entièrement en zinc.

▷ Le pigeonnier de La Chapelle Saint-Ouen, à colombage, recouvre le porche d'entrée de la propriété et repose sur des piliers en pierre pour la façade et en bois à l'intérieur. Sa couverture est en tuiles plates. Au faîtage de celle-ci une poupée quadrangulaire en pierre se termine en champignon.

△ Un lanternon élevé solidement sur colonnes en pierre, protégeant un dôme massif de même facture, fréquenté par une gent ailée bien connue des citadins en plein Paris, voilà de quoi intriguer... Renseignements pris, il s'agirait tout simplement d'un édifice construit pour la protection de conduites d'eau alimentant la capitale. L'architecte a peut-être pensé: « colombarium » ?

▷ Détail d'une charpente qui est un magnifique travail de compagnons-charpentiers, constituée d'entraits positionnés en rayons et chevillés, aux enrayures formant un carré. Dans le centre, le poinçon qui atteint le faîtage est relié par des entretoises et des contre-fiches qui renforcent les arbalétriers. A la base et au centre de ce magnifique assemblage, venait pivoter le « mât de perroquet » portant l'échelle tournante qui met à portée de main et les boulins et leurs insaisissables occupants.

▽ Voilà une entrée monumentale relativement récente d'une propriété fermée dont le porche supporte un pigeonnier de très belle facture. Son épi en zinc est constitué d'une rose des vents ornée d'un couple de pigeons.

△ Un pigeonnier sur arcade en harmonie avec la construction attenante cernant une cour de ferme briarde à Coupvray. L'utilisation rationnelle de son rez-de-chaussée a certainement motivé sa restauration et c'est tant mieux !

◁◁ Un peu plus près de Paris, à Maule, le château d'Agnou possède ce magnifique édifice décrit plus haut. On distingue à droite le socle en encorbellement sur lequel devait se trouver une poivrière de défense. La végétation sauvage a tôt fait de prendre racine dans les interstices de la toiture heureusement par ailleurs en assez bon état de conservation. IMH.

△ Vue d'ensemble d'une partie des boulins et de l'échelle oblique qui permet d'accéder jusqu'au sommet pour en assurer l'entretien.

◁ Vue intérieure de cette tour-pigeonnier où l'on distingue, curiosité inhabituelle, les deux formes de boulins et la numérotation de certains. Une ceinture, faisant chaînage, sépare les deux étages différents, entièrement construits en pierre de taille.

◁ La charpente en chêne et le pivot supérieur de l'échelle dont l'axe, plus éclairé, porte des traverses qui sont bien utiles pour atteindre à travers les entraits le dessous du couvert. On remarquera la particularité de ce magnifique assemblage établi sur deux étages d'entraits, rayonnant à partir de carrés d'entretoises.

▷ Tour-pigeonnier près de Ménerbes dans le Luberon, datée de 1590, entièrement bâtie en pierre de taille du pays, y compris la corniche saillante et à larmier. La toiture à casquette protège largement l'entrée des pigeons située au sud. Au rez-de-chaussée, une voûte supporte l'étage supérieur et plafonne le poulailler. Un escalier extérieur en pierre donne accès à l'étage réservé à l'élevage.

◁ Les trois fameuses bories-pigeonniers de Gordes face au Luberon en lauses de pays, uniques dans leur genre de construction groupées, n'ont, paraît-il, guère plus de cent ans. Ce même style qu'on rencontre à des centaines d'exemplaires dans la région est complété là par des poupées de pierre sphérique identiques.

« Vray est que cet oiseau est de grand fraiset, de grand dégât pour le regard des terres, et pour cause n'est permis le colombier à pied, sinon aux seigneurs des fiefs, ne guères les volières, sinon à ceux qui ont compétence quantité de terres labourables » (*La Maison rustique - Renaissance*)

◁ Enfin, voilà un pigeonnier relativement discret et modestement décoré tout près de Joucas sur les pentes des monts du Vaucluse, mais qui a la très rare particularité d'être habité de volatiles qui, ce jour-là, s'harmonisaient parfaitement avec les couleurs du ciel d'orage.

▷ En Ile-de-France, à proximité d'Arthies, ce pigeonnier octogonal en briques implantées en damier aux arêtes de pierre de taille claires a été construit aux XVe-XVIe siècles. Quel dommage que la deuxième porte rompe l'harmonie de l'ensemble! Une corniche en pierre à larmier ceinture la mi-hauteur, et la couverture est, encore là, en tuiles plates rectangulaires, surmontée d'un épi en zinc. IMH.

▽ Pigeonnier cheminée à toit débordant encore debout à Antony près de Paris, au milieu d'une zone en cours d'urbanisation, en bordure de la Bièvre. Cette petite surélévation octogonale est surmontée d'un épi en forme de rostre de bélemnite.

◁ Le mas de Lise, toujours dans cette même région, possède son pigeonnier sur toiture bien en évidence. A chacun de ses angles des poupées de formes phalliques en pierre surplombent et protègent orgueilleusement les toits environnants.

◁ La ferme de l'Hôtel-Dieu située au Bellay-en-Vexin possède un pigeonnier englobé au cœur des bâtiments et datant du XVIe siècle. La particularité de cet édifice réside dans sa décoration toute personnelle. La toiture hexagonale repose sur une corniche ouvragée en pierres sculptées; elle est agrémentée de gargouilles représentant des animaux. MH.

▷▷ La tour de Santeuil dans la ferme de Launay construite vers 1600, entourée d'une enceinte polygonale avec fossé et porte fortifiée. Le poète de Santeuil s'était fait aménager une chambre à chaque étage afin, disait-il, d'élever d'autant le degré de son inspiration. Elle se trouve à l'est du Vexin et à quelques kilomètres d'Auvers-sur-Oise, où vint mourir Van Gogh, cette très haute tour avait dans le temps une destination « pigeonnière », mille boulins sont répartis sur les quatre faces, laissant supposer un bel élevage de pigeons, mais actuellement, toutes les ouvertures ou presque en sont murées. La toiture en très bon état est couverte de tuiles plates, le faîtage piqué de deux girouettes flammes. IMH.

◁ Le château de Frouville à Saint-Cyran possède un pigeonnier du XVIIe siècle à lanternon élancé sur colonnes de bois et couvert d'une toiture percée d'une lucarne et d'une cheminée en pierre de taille. Le clocheton est couvert d'un chapeau en zinc de forme cloche à pointe acérée.

▷ Dans l'ancien prieuré de Chérence du XVIe siècle, le pigeonnier se trouve incorporé à la ferme et à l'intérieur de son enceinte. Par contre, la lucarne était ouverte vers les cultures céréalières voisines. IMH.

COLOMBIERS et PIGEONNIERS EN FRANCE

Région	Département	Page	Commune
AQUITAINE	Dordogne	29	*Marquay*
	"	29	*Marquay*
	"	28	*Saint-Félix-de-Reillac et Mortermart*
	"	29	*Saint-Félix-de-Reillac et Mortermart*
	"	31	*Saint-Cyprien*
	"	30	*Les Eyzies-de-Tayac*
	"	31	*Saint-Cybranet*
	"	31	*Boulazac*
BOURGOGNE	Saône-et-Loire	48	*Azé*
	"	48	*Azé*
	"	46	*Ozenay*
	"	45	*Messey*
	"	44	*Jonchy*
	"	49	*Lalheue*
BRETAGNE	Côtes-du-Nord	26	*Taden*
	"	26	*Hillion*
	"	27	*Quesnoy*
	"	26	*Quesnoy*
	"	24	*Planguenoual*
	"	25	*Planguenoual*
	Ille-et-Vilaine	38	*Autrain*
	"	38	*Saint-Coulomb*
	"	39	*Saint-Coulomb*
CHAMPAGNE-ARDENNES	Marne	44	*Anthenay*
ILE-DE-FRANCE	Paris	51	*Paris*
	Seine-et-Marne	52	*Jossigny*
	"	52	*Coupvray*
	"	52	*Brou-sur-Chantereine*
	Yvelines	54	*Maule*
	"	54	*Maule*
	"	54	*Maule*
	"	44	*Maule*
	Hauts-de-Seine	58	*Antony*
	Val-d'Oise	63	*Chérence*
	"	59	*Arthies*
	"	62	*Frouville (Saint-Cyran)*
	"	60	*Le Bellay-en-Vexin*
	"	63	*Nesles-la-Vallée*
LANGUEDOC-ROUSSILLON	Gard	38	*Martignargues*
MIDI-PYRÉNÉES	Aveyron	9	*Saint-Izaire*
	"	10	*Saint-Izaire*
	"	10	*Versols et Lapeyre*
	"	42	*Lapanouse-de-Cernon*
	"	10	*Saint-Rémy*

Région	Département	Page	Commune
MIDI-PYRÉNÉES	Aveyron	10	*Baraqueville*
	"	14	*Saint-Izaire*
	"	11	*Toulonjac*
	"	14	*Saint-Sernin-sur-Rance*
	"	12	*Brousse-le-Château*
	"	14	*Vabres*
	"	14	*Brousse-le-Château*
	"	14	*Saint-Izaire*
	"	14	*Saint-Izaire*
NORMANDIE	Calvados	23	*La Cambe*
	"	23	*Saonnet*
	"	23	*Gefosse-Fontenay*
	Eure	34	*Vascœuil*
	"	36	*Perriers-sur-Andelle*
	"	36	*Guiseniers*
	"	37	*Les Hogues*
	"	36	*Ecos*
	"	36	*Les Hogues*
	Manche	44	*Domjean*
	Seine-Maritime	51	*La Chapelle-Saint-Ouen*
	"	50	*Mortemer*
PROVENCE-ALPES-COTE D'AZUR	Bouches-du-Rhône	16	*Arles*
	"	16	*Arles*
	"	16	*Arles*
	"	17	*Trets*
	"	17	*Rousset*
	"	18	*Miramas*
	"	19	*Miramas*
	"	19	*Miramas*
	"	19	*Mas-Blanc-des-Alpilles*
	"	21	*Mallemort*
	"	20	*Les Baux-de-Provence*
	"	20	*Aix-les-Milles*
	"	20	*Mouriès*
	"	22	*Tarascon*
	"	20	*Eyguières*
	"	15	*Lançon-Provence*
	"		*Couverture*
	Vaucluse	58	*Joucas*
	"	56	*Gordes*
	"	58	*Cabrières-d'Avignon*
	"	55	*Ménerbes*
RHONE-ALPES	Drôme	33	*Poët-Laval*
	"	32	*Poët-Laval*
	"	33	*Montélimar*
	Ardèche	8	*Saint-Montan*
	"	8	*Saint-Montan*
	Ain	4	*Saint-Jean-sur-Veyle*
	"	6	*St-Triviers-sur-Moignans*
	"	2	*Perrex*

IMH: inscrit à l'inventaire des monuments historiques; **SI:** site inscrit; **MH:** classé monument historique.

BIBLIOGRAPHIE

• Le droit de colombier en Normandie (Cauvet, 1861) • Bulletin n° 4 de l'ACIM de Maule (Mémoires d'un Bourg) • Les pigeons de volières et de colombiers (Boitard et Corbie, 1824) • Types de toits et pigeonniers dans l'habitation rurale du Quercy (Docteur Cayla Alfred, 1949) • Colombiers et pigeonniers (M. David-Roy, 1964) • Le pigeon voyageur (R.Y. Chard, 1982) • Les pigeonniers de la terre d'Oc (Mesple Paul, 1930) • Pigeonniers de France (Abbé Martel, Les Alpes de Lumière n° 42-1967) • Les colombiers de Gascogne (R. Aveillé, 1954) • Colombier, histoire d'un domaine familial de Haute-Provence (Mme de Lombardon, 1958) • Les pigeonniers de France (M. Laurans) • Pigeonniers de Fromista (Espagne). L'homme et l'animal n° 189 (Yan Dieuzaide, 1962) • Les pigeonniers d'Egypte (Henry Laugier, nov. 1967) • L'art et la nature des 36 408 communes de France (Nathan, 1985) (Michel de la Torre) • Connaissance du pays d'Oc (André Chaleil, juillet 1975) • Les amis du Colombier de Vaujoyeux (Plaguenoual) • Le Carrouge (La revue du pays de Plouër, n° 6-1983) • Annales de Bretagne et des pays de l'Ouest (Y. Henri, 1981) • Colombiers de Haute-Bretagne (Mme Bruneau Clotard) • Saint-Coulomb des origines à nos jours (J. Auffret, 1982).

 Editions Ch. Massin, Paris. I.S.B.N.: 2-7072-0114-6

Imprimé en France - Lazare-Ferry Paris.